Índic

Créditos de publicación

Dona Herweck Rice, *Jefa de redacción*
Lee Aucoin, *Directora creativa*
Conni Medina, M.A.Ed., *Directora editorial*
Kristy Stark, M.A.Ed., *Editora principal*
Torrey Maloof, *Editora*
Caroline Gasca, M.S.Ed., *Editora educativa asociada*
Kristine Magnien, M.S.Ed., *Editora educativa asociada*
Neri Garcia, *Diseñador principal*
Stephanie Reid, *Investigadora de fotografía*
Rachelle Cracchiolo, M.S.Ed., *Editora comercial*

Créditos de imágenes

tapa: Thinkstock; pág. 6 Getty; pág. 3, 10, 18, 27, 40 iStockphoto; todas las demás imágenes de Shutterstock.

Teacher Created Materials
5301 Oceanus Drive
Huntington Beach, CA 92649-1030
http://www.tcmpub.com
ISBN 978-1-4333-5335-2

Estimada familia:

¡Bienvenida a séptimo grado! Su joven hijo adolescente ha llegado aproximadamente a la mitad de los años escolares comprendidos entre jardín de niños y el doceavo grado. Usted es un adulto experimentado, con muchos años de experiencia como padre, cuidador, maestro, asesor y amigo. Sin embargo, si aún no ha notado grandes cambios en su hijo adolescente (o a punto de ingresar en la adolescencia), esté alerta. ¡Los cambios se acercan!

¿Alguna vez vio un grupo de estudiantes de secundaria caminando por la acera? Una niña de 12 años puede ser un pie más alta que un niño de 13 años. Es posible que su hijo que se encuentra en la escuela secundaria esté experimentando un marcado crecimiento debido a las hormonas que se ocupan de ello; o que se esté preguntando cuándo le llegará el turno. Al mismo tiempo, el cerebro está trabajando muchísimo, principalmente en reprogramarse. El cerebro está experimentando muchísima actividad para llegar a la adultez, y es posible que su hijo muestre indicios de este trabajo casi frenético con su desorganización, sensibilidad o hermetismo o al asumir riesgos imprevistos.

Aunque no lo crea, ¡es lo que corresponde! Este año podrá esperar muchas cosas. Su hijo de séptimo grado está mejor preparado para adaptarse a asistir a una clase distinta en cada período, realizar varias tareas al mismo tiempo, resolver problemas y participar en deportes o actividades después del horario escolar que quizás también sean de su interés.

Tómese un tiempo para averiguar cómo comunicarse con los maestros de su hijo adolescente para saber qué está sucediendo en la escuela. Los boletines de noticias o las publicaciones en sitios web pueden ayudarlo a mantenerse un paso adelante en este juego.

Una última idea...

Tómese un tiempo para recordar cuando usted estaba en séptimo grado. Estos recuerdos deberían ayudarlo a mantener la perspectiva (y a conservar el sentido del humor) este año.

Organizamos todo

Asesore a su hijo adolescente para que mantenga su vida en orden. Guíelo para que determine *de qué manera* se organizará.

Intente algunos de estos consejos para organizarse.

Recordatorios en notas adhesivas

Una herramienta útil para usar como recordatorios rápidos es fijar notas adhesivas en lugares destacados, como el espejo del baño.

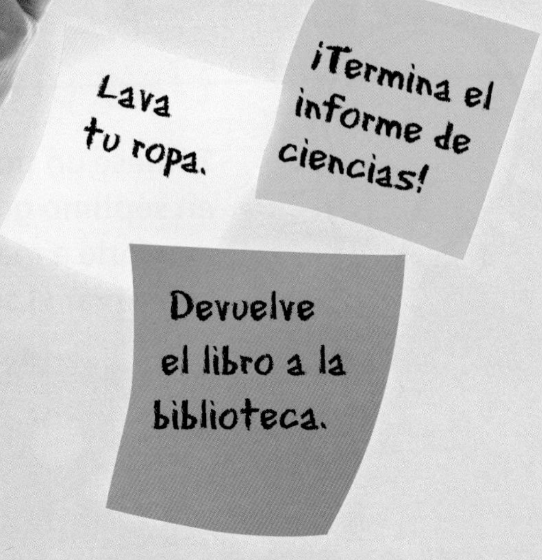

Cajas de entrada y salida

La organización puede consistir en algo simple, como cajas de entrada y salida, que funcionan como el área de clasificación.

Cronograma diario

Establezca un sistema para fijar el cronograma diario en un lugar destacado. Haga un resumen o revíselo rápidamente antes de que todos salgan de la casa.

Registrar los acontecimientos

Registren juntos los acontecimientos del día. Fije un horario para revisar el planificador de su hijo junto a él.

Momento familiar

Escoja un momento familiar durante el que todos deban ocuparse de limpiar u organizar, aunque sea durante 30 minutos.

Una última idea...

Comience a organizarse con pequeños pasos. ¡Simplemente hacer que el estudiante use un planificador diario o que lea las notas que usted le deja es un gran comienzo!

Preparación del ambiente para la tarea

Durante séptimo grado, los estudiantes interactuarán con muchos adultos. Cada adulto tiene sus propias expectativas; asistir a la noche de regreso a la escuela y a las reuniones lo ayudará a mantenerse al corriente de los diversos estilos.

A continuación encontrará algunos consejos para intentar *relacionados con la tarea.*

Una mano

Para comprender el trabajo que le espera deberá hacer más preguntas directas. Y si comprende mejor, estará más preparado para dar una mano, aunque sea para mantener a su hijo adolescente encaminado.

Trabajar en línea

Adopten el hábito de enfrentar juntos los problemas difíciles. Use la Internet como recurso y trabaje junto a su hijo adolescente mientras esté navegando para preservar su seguridad.

Divida las tareas

Divida las tareas o los proyectos de varios pasos para llevar un ritmo razonable.

Aliento

Recuerde elogiar el gran esfuerzo de su hijo adolescente.

Una última idea...

La computadora es fantástica, pero también puede ayudar contando con otras herramientas como corrector ortográfico, calculadora para controlar los trabajos, diccionario, diccionario de sinónimos y antónimos y manual de gramática.

Conversar al respecto

Uno de los misterios de la escuela secundaria es que es posible que su hijo desee hablar por teléfono con sus amigos durante horas... y que no tenga nada para decirle a usted. Quizás sea conveniente considerarse un comunicador sigiloso, que se introduce a hurtadillas en la conversación con un adolescente.

Estas ideas podrían ser útiles para usted y su hijo adolescente.

Conversaciones para compartir

Comparta un poco lo que le ha pasado en el día y deje que la conversación fluya naturalmente.

Acontecimientos actuales

Escoja un momento del día para leer y conversar sobre diferentes secciones del periódico con su hijo adolescente.

Reuniones familiares

Si aún no lo ha hecho, determine un horario habitual para mantener una reunión familiar breve. Ofrezca a cada integrante de la familia la oportunidad de plantear un tema.

Una última idea...

Si su hijo adolescente se vuelve reservado de repente y no logra sonsacarle una palabra, comuníquese con el asesor psicológico de la escuela o un maestro en el que tenga confianza. Es posible que en la escuela esté sucediendo algo que cause una inquietud.

Se acercan momentos de sueño

Dentro de poco, su hijo adolescente querrá permanecer despierto toda la noche. Hay investigaciones que demuestran que los patrones de sueño se modifican naturalmente a esta edad. Sin embargo, tenga en cuenta que su hijo adolescente aún necesita unas nueve horas de sueño.

A un adolescente con falta de sueño puede sucederle lo siguiente:

- Problemas de concentración
- Dificultades para resolver problemas
- Problemas de memoria
- Enojo, tristeza o depresión
- Susceptibilidad a las enfermedades
- Trastornos alimenticios

Este cuadro muestra algunas estrategias para mejorar el sueño.

Haga de su cuarto un lugar confortable para dormir (p. ej., temperatura, luz, nivel de ruido).
Establezca una rutina que incluya una ducha o baño relajante justo antes de ir a dormir.
Evite el azúcar, la cafeína, la música estimulante, la televisión, los juegos de la computadora y los videos.
Que tenga listas la ropa del día siguiente y la mochila.
Que tenga una libreta junto a la cama para escribir cosas para hacer de último momento. Eso le reducirá el estrés.
Haga que su hijo tome una breve "siesta energética" por la tarde si está verdaderamente cansado. Que no duerma siesta cerca de la hora de acostarse.
Que evite acostarse tarde los fines de semana. Eso puede afectar la calidad del sueño durante la semana.

Una última idea...

Si su hijo adolescente tiene problemas de sueño persistentes, comience a llevar un diario de sueño y consulte a un médico. Algunos adolescentes tienen trastornos de sueño que se tratan fácilmente.

Las 10

cosas más importantes que su hijo de séptimo grado debe saber

1. **Citar justificaciones presentes en los textos** para respaldar el análisis y las inferencias realizadas de las narraciones
2. **Los elementos de una narración o de una obra de teatro** y la interacción entre ellos
3. **Significado de las palabras y frases** usadas en narraciones, en especial los significados figurativos e implícitos
4. **Lectura y comprensión de cuentos, obras de teatro y poemas** pertinentes al año escolar
5. **Operaciones con fracciones:** suma, resta, multiplicación y división de números racionales
6. **Expresiones y ecuaciones numéricas y algebraicas** para resolver problemas de matemáticas de la vida real
7. **Medición de ángulos, cálculo de área, superficie y volumen** para resolver problemas de matemáticas de la vida real
8. **Volumen de cilindros, conos y esferas** para resolver problemas de matemáticas la vida real
9. **Biología celular, genética, ciencias de la Tierra y organismos vivos**
10. **Historia y geografía del mundo** desde la Edad Media y el inicio de la era Moderna

Juegos de palabras espontáneos

Aunque con un vocabulario limitado se pueden hacer las actividades diarias, el éxito en los exámenes estandarizados (especialmente en los exámenes de admisión para la universidad) requiere contar con un buen vocabulario. Los juegos de palabras y los errores divertidos que se encuentran en los letreros son una manera genial de explorar el vocabulario.

Podrá encontrar juegos de palabras divertidos apenas a la vuelta de la esquina.

Conversaciones imprevistas

A veces se entablan conversaciones interesantes en lugares inesperados. Aprovéchelas donde y cuando tengan lugar. Nunca se sabe cuándo volverá a tener la oportunidad.

Homófonos

Las palabras que se escriben de diferente manera pero se pronuncian igual son *homófonas.* Cuando vea letreros con errores, por ejemplo, que digan *bye* en lugar de *buy* o *you're* en lugar de *your,* explique por qué la palabra elegida es incorrecta. Explique sus significados alternativos o literales.

Nombres pegadizos

Algunas empresas inventan intencionalmente nombres pegadizos para atraer la atención, por ejemplo, peluquerías que se llaman *Shear Delight* o *Mane Event.*

Nombres de profesiones

¿Se atendería con un dentista que se llamara Dr. Paine? ¿Contrataría a una abogada que se llame Sue Yoo, a un chef de nombre Fry o al veterinario Pill? Cuando advierta una conexión divertida entre un nombre y una profesión, piense más ejemplos.

Una última idea...

Lleve un registro de los ejemplos divertidos que encuentre. Pueden convertirse en un tema de conversación divertido a la hora de la cena.

¡La lectura no es un deporte para espectadores!

Uno de los aspectos más positivos de esta edad es que podrán leer grandes novelas juveniles juntos. Notará que son entretenidas, que están bien escritas y que su ritmo es rápido. De hecho, si tiene problemas para comunicarse con su hijo adolescente, leer el mismo libro le dará muchas oportunidades de conversación.

Intente estas ideas de lectura con su hijo adolescente.

A elección del adolescente

Permita a su hijo adolescente que escoja los libros de su preferencia. Quizás no sean los que más le gusten a usted, pero las preferencias suelen cambiar con el tiempo. La lectura no debe considerarse una obligación; si un libro es aburrido, déjelo.

Lectura en familia

Ocasionalmente lean en familia, estableciendo turnos para elegir un libro entre los integrantes de la familia.

Reseña de libros

Pida a su hijo adolescente que tome notas, piense preguntas o que dibuje mientras usted lee en voz alta. Use esas notas como temas de debate. Al terminar un libro, escriban sus propias reseñas.

Teatro leído

Consiga guiones de teatro leído en la biblioteca o en Internet y léanlos en familia. Estos guiones están pensados para leerlos en voz alta, no para actuar.

Una última idea...

Adopte usted también el hábito de la lectura y muestre interés por una amplia variedad de materiales de lectura. Si su hijo es reacio a la lectura, invierta en revistas y novelas gráficas (historietas) para leerlas juntos.

Descubrir los libros para adultos jóvenes

Si aún no es aficionado a la literatura para adultos jóvenes, pruebe con alguno de estos libros destacados. Son garantía de entretenimiento e información, y lo hacen pensar. Cuando busque alguno de estos títulos, considere hacerlo en lugares fuera de lo habitual. Encontrará buen material de lectura y se ahorrará algo de dinero.

Estas son algunas ideas para buscar libros.

- Ventas de libros en bibliotecas
- Ventas de objetos usados
- Ventas con rebajas en librerías
- Intercambio de libros con vecinos

Considere algunas de estos libros para su hijo de séptimo grado.

- ***The Hunger Games*** **por Suzanne Collins**
- ***A Wrinkle in Time*** **por Madeleine L'Engle**
- ***Anne Frank: The Diary of a Young Girl,*** **por Anne Frank**
- ***The Outsiders*** **por S.E. Hinton**
- ***The Giver*** **por Lois Lowry**
- ***The Lost Hero*** **por Rick Riordan**
- ***Holes*** **por Louis Sachar**

Una última idea...

¡Después de leer literatura para adultos jóvenes, lea más libros de los autores que tanto usted como su hijo adolescente disfrutan!

Trabajos de redacción

En séptimo grado, su hijo escribirá para distintos maestros y sobre distintos temas, por lo que existirán diversas expectativas. Prepárese; quizás deba oficiar de editor de su hijo adolescente. Los siguientes son los tipos de trabajo que probablemente realice su hijo.

Escritura expositiva o informativa Comparar y contrastar ensayos Composiciones explicativas	**Escritura narrativa** Ficcion breve Autobiografías
Respuestas a la literatura Escribir en un cuaderno de bitácora o diario Escribir respuestas cortas en una guía de libros	**Composición argumentativa o persuasiva** Establecer una posición y apoyarla con pruebas
Resumen de material de lectura Escribir la idea principal Escribir un informe de laboratorio Tomar notas sobre un capítulo de un libro de texto	**Informe de investigación** Formular una pregunta y apoyar la posición tomada, incluyendo documentación a través de notas al pie, referencias y/o bibliografía o trabajos citados

Una última idea...

Aprender a ser un escritor hábil no es muy diferente a aprender a ser un buen músico. Cuanto más se practica, más se mejora.

Analogías

Los estudiantes de secundaria están aprendiendo las relaciones que existen entre las palabras. La comprensión de las analogías de causa y efecto es tan solo una de las distintas áreas del vocabulario que se explorarán.

Estas son algunas recomendaciones para explorar el idioma a nuestro alrededor.

Identificación de palabras

Busque en línea una lista de palabras de vocabulario del examen SAT con su significado. Elija una palabra, incorpórela en las conversaciones y desafíe a su hijo adolescente a descubrir cuál es *su* palabra del día.

Paradoja

Otro concepto importante es el de *paradoja.* Una paradoja es una oración que desafía la lógica (por ejemplo, Este es el principio del fin). Pensar por qué una afirmación encierra una contradicción es un buen ejercicio para el pensamiento crítico.

Eufemismos

Los eufemismos son expresiones que sustituyen palabras o frases de manera de que la expresión suene más educada. También pueden sustituir palabras para que la expresión sea más ruda o menos educada. ¡Esté atento al uso que se les da en las noticias y en los periódicos!

Eufemismos

Más educados

- *En situación de calle* en lugar de *sin techo*
- *Institución correccional* en lugar de *cárcel*
- *Dejar libre* en lugar de *despedir del trabajo a una persona*
- *Nos dejó* en lugar de *murió*
- *En transición entre trabajos* en lugar de *desempleado*

Menos educados

- *Estirar la pata* en lugar de *morir*
- *Basca* en lugar de *vómito*
- *Andar panzona* en lugar de *estar embarazada*

Una última idea...

Una de las mejores formas de alentar la ampliación del vocabulario es que usted mismo muestre curiosidad por las palabras.

Soluciones para los problemas

Si las matemáticas no eran su materia favorita, quizás se pregunte si será capaz de ayudar a su hijo adolescente con la tarea. Los libros de matemáticas le ofrecerán buenos ejemplos para refrescarle la memoria.

Estas ideas podrían ayudar a su hijo de séptimo grado a la hora de resolver problemas.

Sea flexible

Piensen juntos soluciones e ideas originales para tratar de resolver problemas complicados, especialmente los de varios pasos.

Matemáticas cotidianas

Haga participar a su hijo de séptimo grado en las actividades que se crucen en su camino a diario. Es posible que su hijo adolescente ya esté preparado para tener una cuenta corriente o una tarjeta de débito con un monto fijo.

Proyectos de matemáticas = diversión en matemáticas

Aliente a su hijo adolescente a hacer algo creativo que tenga relación con las matemáticas. Algunas ideas son: hacer bosquejos de diseños de ropa y los moldes correspondientes, construir un modelo a escala de la casa de sus sueños; planificar un viaje de vacaciones por carretera que incluya presupuesto, gasolina necesaria y ubicar las distancias en el mapa; calcular los costos del automóvil de sus sueños, incluido el precio de compra, los intereses del préstamo y las cuotas.

Una última idea...

Si su hijo de séptimo grado tiene alguna pasión (la moda, la cocina, el deporte, el arte o la música) aproveche su conexión con las matemáticas.

Divida las tareas

Rendir un examen puede generar tensión en muchos estudiantes. Aliente a su hijo y ayúdelo a obtener las herramientas necesarias para el éxito.

Estos consejos deberían ser útiles para que su hijo se prepare para el próximo gran examen.

Antes del examen

- Utiliza una guía de estudio o resuelva los problemas de muestra.
- Identifique sus áreas débiles. Por lo general pueden encontrarse problemas extras en la parte posterior del libro de texto o en la Internet.
- Lee los problemas difíciles en voz alta más de una vez.
- Trabaja con un compañero. Replantee los problemas complicados.
- Convierta un problema con enunciado en una ecuación, un dibujo o un cuadro. Reemplaza los números del problema por otros más simples.
- Busca patrones y atajos.
- Verifique su respuesta resolviendo el problema hacia atrás.
- Tome descansos.

Durante el examen

- Lea las instrucciones atentamente. Si no las entiende, dígalas en voz baja.
- Échele un vistazo al examen y haga primero los problemas más fáciles.
- Use el método de prueba y error (adivine y compruebe).
- ¿El examen es de respuesta múltiple? Resuelva el problema hacia atrás utilizando la respuesta más probable.
- Calcule. Si una respuesta parece ilógica, probablemente lo sea.
- Controle el tiempo y siga su propio ritmo.
- Revise su trabajo si le queda tiempo.

Una última idea...

Una de las mejores maneras de aprender a dominar las matemáticas es inventar problemas, pedir a otra persona que los resuelva y, a continuación, analizar los errores.

Resolver ecuaciones de dos pasos

Los estudiantes de secundaria están comenzando a aprender ecuaciones matemáticas más complejas. Tenga a la mano las instrucciones paso a paso al trabajar en la resolución de nuevos problemas de matemáticas junto a su hijo.

1. Nuestro objetivo es despejar solamente la variable *b*.

$$\frac{b}{3} + 13 = 11$$

2. Trace una línea vertical a la altura del signo igual. Esto le recuerda que lo que hacemos a la izquierda, también tenemos que hacerlo a la derecha.

$$\frac{b}{3} + 13 \;\vdots\!= \; 11$$

3. A continuación, tenemos que hacer la operación inversa (opuesta). ¿Qué es lo opuesto de sumar 13? (restar 13)

$$\begin{array}{rr|r} \frac{b}{3} & + 13 = & 11 \\ & - 13 & -13 \\ \hline \end{array}$$

4. Complete el primer paso de las operaciones restando 13 de cada lado. Escriba la nueva ecuación.

$$\begin{array}{rr|r} \frac{b}{3} & + \not{13} = & 11 \\ & - \not{13} & -13 \\ \hline & & -2 \end{array} \qquad \frac{b}{3} = -2$$

5. A continuación, tenemos que hacer la operación inversa (opuesta) una vez más. ¿Qué es lo opuesto de dividir por 3? (multiplicar por 3).

$$3 \times \frac{b}{3} = -2 \times 3$$

6. Complete el segundo paso de las operaciones multiplicando cada lado por 3. Escriba la nueva ecuación.

$$\cancel{3 \times \frac{b}{3}} = -2 \times 3$$

7. Complete el último paso de operaciones.

$$b = -2 \times 3$$

$$b = -6$$

8. Verifique su respuesta sustituyendo *b* por -6. ¿El lado izquierdo es igual al lado derecho?

$$\frac{-6}{3} + 13 = 11$$

$$-2 + 13 = 11$$

$$11 = 11$$

Ciencias paso por paso

En séptimo grado, su hijo ahondará más en temas como biología, ciencias de la Tierra, organismos vegetales, aparatos del cuerpo humano (circulatorio, muscular) y genética. Los experimentos y las investigaciones continúan teniendo importancia, y se presta especial atención a la investigación y a la documentación del proceso y los resultados.

Considere la posibilidad de fomentar el interés en la ciencia utilizando alguno de estos recursos.

Museos

Consulte en el museo local si ofrecen programas de ciencias después del horario escolar o durante el verano.

Universidades

Si vive cerca de una institución universitaria, averigüe si ofrece cursos después del horario escolar, los fines de semana o en verano.

Herramientas de ciencias

Invierta en herramientas básicas de investigación que se adapten a los intereses de su hijo, como una lupa, un microscopio, un telescopio, cartas celestes, libros sobre invenciones, juegos de química, proyectos a control remoto, software educativo (considere TED y Star Walk) o juegos informáticos en los que se use la ciencia o la investigación científica.

Sitios web de ciencias

- Visite www.sciencebuddies.org para obtener más de 1,000 ideas para hacer proyectos de ciencias.
- Busque en Internet proyectos ecológicos, como la evaluación del consumo de energía o de agua en la casa.
- Busque competencias nacionales que motiven a su joven científico o inventor. ¡Simplemente haga en Internet una búsqueda de *"national science contests"* y empiece a participar!

Una última idea...

En la clase de ciencias, se espera que los estudiantes adquieran una increíble cantidad de vocabulario. Contribuya a este proceso jugando juegos de palabras como el ahorcado o haciendo anagramas con las palabras de vocabulario.

Por el mundo

En muchas escuelas, los estudiantes de séptimo grado investigarán los aspectos geográficos, culturales, económicos y sociales de diversos países, tanto en relación al pasado como al presente. También es posible que estudien los principales períodos históricos, como la Reforma o la Era de los Descubrimientos.

Intente alguna de estas actividades para alimentar el interés por la historia.

Investigue el mundo

Junto a su hijo adolescente, dé "una vuelta al mundo" por Internet para investigar los países que formarán parte del programa este año.

Compare culturas

Compare un país con otro de a un aspecto a la vez: música, arte, comida, vestimenta, agricultura, arquitectura, política, economía, clima, idioma, deportes, etc.

Culturas a través de la cocina

Busque nuevas recetas y recorra el mundo cocinando, comenzando por lo heredado de la cocina de su familia.

Festivales culturales

Busque festivales locales en celebración de otros países a los que pueda asistir con su hijo adolescente.

Una última idea...

Durante un viaje largo en automóvil, jueguen a "¿En qué parte del mundo queda?". Dé pistas sobre una ciudad, un lugar representativo o famoso y pida a su hijo adolescente que adivine dónde queda.

Después de la escuela— sigue activo

El cerebro de su hijo adolescente aún está ocupado en el crecimiento, principalmente en reprogramarse. Aunque su hijo preferiría quedarse inmóvil frente a la pantalla del televisor o conversar con sus amigos, es necesario que las horas que siguen a la salida de la escuela se ocupen con diversión *productiva*.

Intente algunas de estas ideas para después del horario escolar.

Prácticas de cocina

Facilite su vida y enséñele a su hijo una habilidad para toda la vida haciendo que se encargue de la cena una noche por semana. Hay muchísimos libros de cocina dirigidos a los adolescentes.

Trabajos voluntarios

Haga que su hijo se ofrezca como voluntario para limpiar un parque, pintar la cerca de un vecino o leerle en voz alta a un anciano. Quizás lo ayude a conseguir un trabajo pago en el futuro.

Grupo de estudio

Su hijo adolescente puede ingresar en un grupo de estudio en la biblioteca o en la escuela. Trabajar con pares puede hacer que dominar una materia difícil le resulte más tolerable.

Actividades en la comunidad

Busque actividades en la comunidad o el vecindario. Si no hay ninguna disponible, considere la posibilidad de organizarla usted mismo.

Adolescentes que trabajan

Su hijo tiene la edad necesaria para ganar un poco de dinero después del horario escolar trabajando para usted o un vecino. Pida a su hijo que consulte a vecinos de confianza si necesitan algún trabajo en el jardín, remover la nieve, que les cuiden las mascotas, que les rieguen las plantas, etc.

Una última idea...

Continúe planificando acontecimientos familiares junto a su hijo. Insista en que el adolescente elija el acontecimiento cada dos o tres semanas y en la participación de la familia. Los lazos creados perdurarán por siempre.

Criar un viajero

Las vacaciones familiares, ya sea cuando uno permanece en su hogar y se dedica a redescubrir su comunidad, una visita a familiares o hacer un fantástico viaje a un lugar exótico, pueden ser una experiencia enriquecedora.

Estas son algunas ideas para hacer que un viaje, incluso tan solo a la casa de un abuelo, más divertido.

Reductor de velocidad al frente

Conversen sobre lo que salió bien (y lo que no) en el último viaje. Después, comiencen a planificar prestando atención a lo que pueden hacer para mejorarlo.

El recorrido empieza aquí

Túrnense para oficiar de guía turístico o de coordinador del viaje cada día. La persona elegida escoge en qué lugar detenerse a comer, el entretenimiento y cuestiones similares. Planifiquen con anticipación para que todos estén preparados para las variadas actividades que los esperan.

Jugar durante el recorrido

En caso de viajar por carretera, encargue a cada integrante de la familia que encuentre dos juegos que puedan jugar dentro del automóvil, como Twenty Questions. Túrnense para jugar en el viaje.

Quedarse y jugar

¿No puede irse de viaje? Ofrézcase como voluntario para limpiar un parque, un arroyo o una playa.

Mantenerse en actividad

Mantenga el nivel de actividad programando horarios para salir de caminata, nadar, escalar, surfear y actividades similares.

Una última idea...

Si su hijo adolescente no desea ir de viaje con usted, considere la posibilidad de hacer un intercambio con otra familia. Lleve en uno de sus viajes al mejor amigo de su hijo adolescente y pídales que ellos leven a su hijo en el siguiente.

Seguir jugando

La construcción de recuerdos de juegos compartidos continúa durante toda la adolescencia. En realidad, continuar divirtiéndose puede ser incluso más importante, especialmente si estos años resultan problemáticos para su hijo.

Considere *algunas de estas ideas amenas.*

Espacio para reunirse

Prepare un espacio en el que su hijo adolescente puede pasar tiempo junto a sus amigos bajo la supervisión de un adulto. Considere la posibilidad de tener un surtido de sus refrigerios favoritos a la mano.

Diversión activa

Realicen una actividad enérgica para aliviar la presión, lidiar con la tensión o solo para divertirse.

Hogar acogedor

Convierta su casa en un lugar acogedor (pero permanezca cerca y visite ocasionalmente la habitación).

Películas de la biblioteca

Retire películas divertidos de la biblioteca y véanlos juntos. Muestre interés por la música, los programas de televisión, los artistas, los videojuegos, etc. favoritos de su hijo adolescente.

Una última idea...

Su hijo adolescente necesita desarrollar sus propias amistades. Pero mantenerse presente, por así decirlo, lo ayudará a mantener abiertas las vías de comunicación al mismo tiempo que se divierte.

Querido padre:

¡Hoy es un gran día para tener un hijo en la escuela secundaria! Suceden muchísimas cosas relacionadas con la tecnología (juegos y productos sobre los que puede conversar y con los que puede jugar) y las materias escolares de su hijo adolescente se vuelven cada vez más interesantes. Obviamente, surgen muchos desafíos y preocupaciones al preparar a un hijo adolescente para la adultez. La escuela se torna más exigente y las tentaciones a su alcance son más numerosas. Quizás ya se haya cansado de oír a su hijo adolescente decir: "¡Es que tú no me comprendes!".

¡Y es cierto, sus vidas pueden ser difíciles de comprender, aunque todos hayamos sido adolescentes! Por eso, mantenga el sentido del humor, disfrute de esa disposición brillante y alegre que sale a la superficie cada tanto y mantenga abiertas las vías de comunicación.

No olvide que la escuela de su hijo adolescente es una gran fuente de asesoramiento sobre la educación de los hijos. ¡Todos deseamos que este sea un gran año!

¡Gracias!